AF211097

Denken neu gestalten

Von Frank Kralemann

Buchbeschreibung:

Dieses Buch möchte Ihnen Wege aufzeigen, wie Sie Schritt für Schritt die Meisterschaft über Ihr emotionales Leben erlangen können. Sie werden die biologischen Grundlagen der Emotionen kennenlernen und verstehen, welche Mechanismen Gefühle auslösen. Sie erfahren, wie Stress entsteht und welche Auswirkungen er auf Körper und Psyche hat. Und Sie bekommen eine Fülle von Werkzeugen an die Hand, um auch mit herausfordernden Gefühlen gelassen und selbstbestimmt umzugehen.

Über den Autor:

Der Autor Frank Kralemann, geb. 1959 beschäftigt sich schon lange mit den Themen

Persönlichkeitsentwicklung und Selbstdiszi-
plin. Erstes Buch 2007. Seitdem hat er viele
Bücher veröffentlicht. Seine Hobbies sind
Lesen, Gedichte schreiben und Laufen. Frank
Kralemann wohnt in Ostwestfalen.

Denken neu gestalten

Der Weg zur emotionalen Freiheit

von Frank Kralemann

1. Auflage, 2024 Frank Kralemann

© 2024 Alle Rechte vorbehalten.

Verlag: BoD · Books on Demand GmbH,

In de Tarpen 42, 22848 Norderstedt

Druck: Libri Plureos GmbH,

Friedensallee 273, 22763 Hamburg

ISBN: 978-3-7693-2078-7

Inhaltsverzeichnis

6

9

9

9

9

9

Einleitung   10

Die Grundlagen der Emotionen 16

Gefühle wahrnehmen und verstehen
22

Die Bedeutung von Emotionen entschlüsseln   25

Stressachse und ihre Auswirkungen
29

Akzeptieren statt Vermeiden   33

Warum Vermeidung keine Lösung ist
34

Gefühle aushalten lernen 37

Einführung in ACT   40

Emotionen kognitiv umstrukturieren   46

Die kognitive Verhaltenstherapie (CBT)   47

Die Methode von Albert Ellis (REBT)   51

Strategien für die emotionale Regulation   64

Impulse kontrollieren lernen   67

Selbstsuggestionen und positive Selbstgespräche   70

Achtsamkeit und langfristige Strategien   74

Achtsamkeit im Alltag integrieren   76

Langfristige Gewohnheiten für emotionale Stärke   80

Die Rolle sozialer Unterstützung   83

Den Stresszyklus verstehen und durchbrechen   87

Stress und seine Rolle bei negativen Emotionen   88

Strategien zum Stressabbau   92

Der Weg zu emotionaler Freiheit
     97

Einleitung

Liebe Leserin, lieber Leser,

willkommen zu einer inspirierenden Reise in die Welt der Gefühle. Emotionen sind ein grundlegender Bestandteil unseres Menschseins. Sie prägen, wie wir die Welt wahrnehmen, wie wir denken und handeln. Ob Freude, Trauer, Angst oder Ärger - unsere Gefühle sind vielfältig und manchmal überwältigend. Doch oft fühlen wir uns ihnen hilflos ausgeliefert. Negative Emotionen wie Stress, Wut oder Niedergeschlagenheit können uns lähmen und daran hindern, ein erfülltes, selbstbestimmtes Leben zu führen.

Doch es gibt einen Weg, mit diesen herausfordernden Gefühlen umzugehen. Mit den richtigen Strategien und Werkzeugen können wir lernen, unsere Emotionen wahrzunehmen, zu verstehen und zu steuern. Genau darum geht es in diesem Buch. Wir werden uns auf eine spannende Entdeckungsreise begeben - zu den Wurzeln unserer Gefühle, zu den Mechanismen, die sie auslösen und aufrechterhalten, und zu den Möglichkeiten, sie positiv zu beeinflussen.

Vielleicht fragen Sie sich: Warum ist das so wichtig? Unsere Emotionen haben einen enormen Einfluss auf unsere Lebensqualität. Wenn wir ständig von negativen Gefühlen gesteuert werden, sind wir nicht frei. Wir treffen Entscheidungen aus Angst statt aus Überzeugung. Wir meiden Herausforderungen, die uns eigentlich weiterbringen würden. Wir schaden unseren Beziehungen und unserer Gesundheit. Kurz gesagt: Wir sind nicht die beste Version unserer selbst, die wir sein könnten.

Dieses Buch möchte Ihnen Wege aufzeigen, wie Sie Schritt für Schritt die Meisterschaft über Ihr emotionales Leben erlangen können. Sie werden die biologischen Grundlagen der Emotionen kennenlernen und verstehen, welche Mechanismen Gefühle auslösen. Sie erfahren, wie Stress entsteht und welche Auswirkungen er auf Körper und Psyche hat. Und Sie bekommen eine Fülle von Werkzeugen an die Hand, um auch mit herausfordernden Gefühlen gelassen und selbstbestimmt umzugehen.

Ein zentraler Gedanke, der sich durch dieses Buch zieht, ist: Wir müssen unsere Gefühle nicht fürchten oder vermeiden. Auch wenn sie unangenehm sind, haben alle Emotionen ihre Berechtigung. Sie geben uns wertvolle Informationen über unsere Bedürfnisse, Werte und Grenzen. Statt vor ihnen davonzulaufen, geht es darum, sie achtsam wahrzunehmen und zu akzeptieren. Das bedeutet nicht, dass wir uns unseren Gefühlen ausliefern. Im Gegenteil: Gerade indem wir sie annehmen, gewinnen wir innere Freiheit und Handlungsspielraum.

In diesem Buch werde ich Ihnen eine Vielzahl von Methoden vorstellen, die Ihnen auf dem Weg zu mehr emotionaler Balance helfen. Von Achtsamkeitsübungen über Atemtechniken bis hin zu kognitiven Strategien - Sie werden ein reiches Repertoire an Werkzeugen kennenlernen, aus dem Sie schöpfen können. Ein besonderer Schwerpunkt liegt auf der Akzeptanz- und Commitment-Therapie (ACT), einem wirksamen Ansatz, der uns ermutigt, uns unseren Gefühlen zu stellen und dabei unsere Werte und Ziele nicht aus den Augen zu verlieren.

Die Techniken und Übungen in diesem Buch sind wissenschaftlich fundiert und in der Praxis erprobt. Aber sie entfalten ihre Kraft erst, wenn Sie sie in Ihr Leben integrieren. Ich möchte Sie einladen, mutig zu experimentieren, Neues auszuprobieren und herauszufinden, was für Sie funktioniert. Haben Sie Geduld mit sich und feiern Sie jeden kleinen Fortschritt. Der Weg zu emotionaler Balance ist eine Reise, kein Sprint.

Mein Wunsch ist es, dass dieses Buch für Sie zu einem wertvollen Begleiter auf dieser Reise wird. Es möchte Ihnen Mut machen, sich Ihren Gefühlen zu stellen, sie als Verbündete zu sehen und ihre verborgenen Botschaften zu entschlüsseln. Es möchte Ihnen das Vertrauen schenken, dass Sie auch stürmische Gefühlslagen meistern können, ohne sich von ihnen beherrschen zu lassen. Und es möchte Sie inspirieren, ein Leben zu leben, das im Einklang mit Ihren tiefsten Werten und Sehnsüchten steht.

Wenn es Ihnen gelingt, Freundschaft mit Ihren Gefühlen zu schließen, werden Sie die Fülle des Lebens neu entdecken. Sie werden mutiger Herausforderungen angehen, weil Sie wissen, dass Sie auch Rückschläge und Enttäuschungen aushalten können. Sie werden offener und authentischer mit anderen Menschen umgehen, weil Sie

Ihre eigenen Gefühle nicht mehr verstecken müssen. Und Sie werden mehr Gelassenheit und Lebensfreude spüren, weil Sie die Gewissheit haben, dass Sie stark genug sind, um den Wellen des Lebens zu begegnen.

Ich lade Sie ein, sich auf diese Entdeckungsreise zu begeben. Tauchen Sie ein in die faszinierende Welt der Emotionen, lassen Sie sich von neuen Erkenntnissen überraschen und inspirieren. Schöpfen Sie Hoffnung und Zuversicht aus dem Wissen, dass Sie Ihre Gefühle verstehen und lenken können. Und vor allem: Erinnern Sie sich immer wieder daran, dass Sie viel mehr sind als Ihre Gefühle. In Ihrem Innersten liegt eine Quelle von Weisheit, Stärke und Klarheit - Ihr wahres Selbst. Je mehr Sie lernen, sich mit diesem inneren Kompass zu verbinden, desto freier und selbstbestimmter werden Sie durch Ihr Leben navigieren.

Ich wünsche Ihnen von Herzen, dass die Lektüre dieses Buches für Sie zu einer Quelle der Inspiration und Ermutigung wird. Möge es Sie unterstützen, ein Leben zu erschaffen, in dem Sie Ihre ganze Menschlichkeit umarmen können - mit all seinen Höhen und Tiefen, Licht- und Schattenseiten. Ihr Weg zu emotionaler Freiheit beginnt genau hier und jetzt. Lassen Sie uns gemeinsam aufbrechen!

Alles Gute,
   Frank Kralemann

Die Grundlagen der Emotionen

Bevor wir uns auf die Reise zu einem bewussten Umgang mit unseren Gefühlen begeben, ist es wichtig, dass wir verstehen, was Emotionen eigentlich sind und warum wir sie haben. Dieses Grundlagenwissen wird uns helfen, unsere eigenen emotionalen Reaktionen besser einzuordnen und mit mehr Verständnis und Mitgefühl zu begegnen.

Emotionen sind komplexe psychologische Zustände, die eine Reaktion auf Reize in unserer Umwelt oder in uns selbst darstellen. Sie umfassen physiologische Erregung, Gedanken und Überzeugungen, ein subjektives Gefühl und häufig auch einen Handlungsimpuls. Wenn wir zum Beispiel Angst empfinden, spüren wir vielleicht, wie unser Herz rast, unsere Hände feucht werden (physiologische Erregung). Wir denken „Das ist gefährlich!" (Gedanken), fühlen uns bedroht (Gefühl) und verspüren den Drang, die Situation zu vermeiden oder zu fliehen (Handlungsimpuls).

Aber wozu brauchen wir Emotionen überhaupt? Aus evolutionärer Sicht haben sie eine wichtige

Funktion für unser Überleben und unsere Anpassung an die Umwelt. Emotionen sind sozusagen unsere eingebauten Schutz- und Orientierungssysteme. Sie warnen uns vor Gefahren, motivieren uns zum Handeln und helfen uns, in sozialen Beziehungen zurechtzukommen.

Nehmen wir die Angst als Beispiel. In einer potenziell bedrohlichen Situation, etwa beim Anblick einer Schlange, löst die Angst blitzschnell eine Alarmreaktion in unserem Körper aus. Stresshormone wie Adrenalin und Kortisol werden ausgeschüttet, der Herzschlag beschleunigt sich, die Muskeln spannen sich an. Der Körper macht sich bereit für „Kampf oder Flucht". Diese Reaktion mag in unserer modernen Welt oft übertrieben erscheinen - beim Anblick einer harmlosen Hausschlange oder vor einer Prüfung. Doch aus Sicht unserer Vorfahren, die in einer Welt voller lebensbedrohlicher Gefahren lebten, war sie überlebenswichtig.

Ähnlich verhält es sich mit anderen „negativen" Emotionen wie Wut, Trauer oder Ekel. Auch sie erfüllen wichtige Schutz- und Anpassungsfunktionen. Wut zum Beispiel hilft uns, Grenzen zu setzen und uns zu behaupten. Trauer ermöglicht es uns, Verluste zu verarbeiten und uns neu zu orientieren. Und Ekel schützt uns vor dem Verzehr verdorbener Nahrung oder dem Kontakt mit Krankheitserregern.

Natürlich haben Emotionen nicht nur diese „negative" Seite. Auch positive Gefühle wie Freude, Liebe oder Neugier erfüllen lebenswichtige Funktionen. Sie motivieren uns, auf andere zuzugehen, zu lernen und zu wachsen. Sie belohnen uns für ein Verhalten, das unserem Überleben und Wohlbefinden dient. Und sie erfüllen unser Leben mit Sinn, Tiefe und Verbundenheit.

Emotionen entstehen durch ein komplexes Zusammenspiel verschiedener Gehirnareale,

Nervenbotenstoffe und Hormone. Eine Schlüssel-rolle spielt dabei das limbische System, eine Ansammlung evolutionär alter Strukturen tief im Inneren unseres Gehirns. Insbesondere die Amyg-dala, auch „emotionales Gehirn" genannt, ist an der Entstehung und Verarbeitung von Emotionen beteiligt. Sie fungiert als eine Art Alarmzentrale, die eingehende Sinnesreize blitzschnell auf Bedrohungen überprüft und im Ernstfall die Stressreaktion auslöst.

Doch unsere Emotionen werden nicht nur von der Amygdala gesteuert. Auch höhere Gehirnregio-nen wie der präfrontale Kortex, der Sitz unseres logischen Denkvermögens, spielen eine wichtige Rolle. Er hilft uns, unsere Gefühle zu regulieren, zu bewerten und in Handlungen umzusetzen. Die Zusammenarbeit von Amygdala und präfrontalem Kortex ist entscheidend für unsere emotionale Intelligenz - die Fähigkeit, unsere eigenen Gefühle und die anderer wahrzunehmen, zu ver-stehen und zu steuern.

Leider kommt es in unserem Gehirn oft zu Fehlalarmen und Überreaktionen. Unsere Amygdala reagiert auf Reize, die früher einmal bedrohlich waren, heute aber meist harmlos sind - etwa auf den Anblick eines Vorgesetzten, der uns kritisiert hat. Auch Stress, traumatische Erfahrungen oder ein Mangel an emotionaler Fürsorge in der Kindheit können dazu führen, dass unsere Alarmzentrale überempfindlich wird. Die Folge sind überschießende Gefühlsreaktionen, die nicht mehr situationsangemessen sind und uns das Leben schwer machen können.

Doch die gute Nachricht ist: Wir sind unseren Emotionen nicht hilflos ausgeliefert. Unser Gehirn ist zeitlebens formbar und kann neue, unterstützende Reaktionsmuster lernen. Durch gezielte Übung ist es möglich, die Aktivität der Amygdala zu regulieren und die präfrontale Kontrolle zu stärken. Genau darum wird es in den folgenden Kapiteln gehen - um Strategien und

Techniken, mit denen wir unsere Emotionen besser steuern und für uns nutzen können.

Zunächst aber wollen wir uns genauer ansehen, wie wir unsere Gefühle überhaupt wahrnehmen und verstehen können. Im nächsten Kapitel geht es um Methoden, unsere Selbstwahrnehmung zu schärfen und die Botschaften hinter unseren Emotionen zu entschlüsseln. Denn erst wenn wir verstehen, was wir fühlen und warum, haben wir die Freiheit, anders damit umzugehen. Ich lade Sie ein, mit Neugier und Offenheit in dieses spannende Thema einzutauchen. Es lohnt sich!

Gefühle wahrnehmen und verstehen

Wie oft erleben wir eine Flut von Gefühlen, ohne genau zu wissen, was eigentlich in uns vorgeht?

Wir spüren vielleicht ein diffuses Unbehagen, eine innere Unruhe oder Gereiztheit. Aber wir können nicht immer benennen, was wir fühlen und warum. Dabei ist die bewusste Wahrnehmung unserer Emotionen der erste Schritt zu einem gelasseneren Umgang mit ihnen. In diesem Kapitel geht es darum, wie wir unsere Selbstwahrnehmung verbessern, unsere Gefühle differenzieren und ihre tieferen Ursachen verstehen können.

Selbstwahrnehmung schärfen

Der Schlüssel zu mehr emotionaler Klarheit liegt in der Achtsamkeit - der bewussten, wertfreien Wahrnehmung dessen, was im gegenwärtigen Moment geschieht. Achtsamkeit bedeutet, die ganze Bandbreite unserer inneren Erfahrung wahrzunehmen - Gedanken, Gefühle, Körperempfindungen - ohne sie zu bewerten oder verändern zu wollen. Es geht darum, mit einer Haltung freundlicher Neugier zu beobachten, was ist.

Eine einfache Übung, um die Selbstwahrneh-mung zu schulen, ist das Führen eines Emotions-tagebuchs. Nehmen Sie sich mehrmals am Tag Zeit, innezuhalten und zu erforschen: Was fühle ich gerade? Wo spüre ich dieses Gefühl im Körper? Welche Gedanken oder Bilder tauchen auf? Was könnte diese Emotion ausgelöst haben? Notieren Sie Ihre Beobachtungen ohne Wertung. Es geht nicht darum, „richtig" oder „falsch" zu fühlen, sondern darum, das eigene Erleben bewusst wahrzunehmen und zu akzeptieren.

Eine andere hilfreiche Technik ist das achtsame Atmen. Richten Sie Ihre Aufmerksamkeit auf den Atem, wie er von alleine kommt und geht. Immer wenn Sie bemerken, dass Sie abgelenkt sind, kehren Sie sanft zum Atem zurück. Diese Mini-meditation kann helfen, aus dem Strom der Gedanken auszusteigen und sich mit dem gegen-wärtigen Moment zu verbinden. Von diesem Ort der Ruhe aus ist es oft leichter, die eigenen Gefühle klar wahrzunehmen.

Mit der Zeit und Übung werden Sie immer sensibler für Ihre emotionalen Zustände. Sie werden Gefühle früher erkennen, feiner differenzieren und ihre Auslöser und Folgen besser verstehen. Diese erhöhte Selbstwahrnehmung ist die Basis für einen bewussten Umgang mit Emotionen.

Die Bedeutung von Emotionen entschlüsseln

Unsere Gefühle entstehen nicht zufällig. Sie sind wertvolle Hinweise auf unsere Bedürfnisse, Werte und Grenzen. Wenn wir lernen, die Botschaften hinter unseren Emotionen zu entschlüsseln, gewinnen wir wichtige Informationen für ein selbstbestimmtes Leben.

Nehmen wir das Gefühl der Wut. Hinter der Wut steckt oft ein verletztes Bedürfnis oder eine überschrittene Grenze. Vielleicht fühlen wir uns ungerecht behandelt, nicht wertgeschätzt oder in unserer Handlungsfreiheit eingeschränkt. Die Wut will uns auf diese Verletzung aufmerksam machen und uns motivieren, für unsere Rechte einzustehen.

Ähnlich ist es mit der Angst. Sie macht uns auf mögliche Bedrohungen unseres Wohlbefindens aufmerksam - seien es äußere Gefahren oder innere Herausforderungen. Oft steckt hinter der Angst ein tiefes Bedürfnis nach Sicherheit, Geborgenheit oder Kontrolle. Wenn wir verstehen, was unsere Angst uns sagen will, können wir Wege finden, für diese Bedürfnisse zu sorgen.

Doch wie entschlüsseln wir die Bedeutung unserer Gefühle? Ein wichtiger Schritt ist es, die Situationen und Auslöser genau zu betrachten, die die Emotion hervorgerufen haben. Was ist passiert, kurz bevor das Gefühl aufkam? Welche Gedanken und Bewertungen haben wir vorgenommen? Gibt es ein Muster, eine Wiederholung ähnlicher Situationen?

Oft stecken hinter unseren emotionalen Reaktionen alte Überzeugungen und Erfahrungen, die uns geprägt haben. Vielleicht haben wir früh gelernt, dass Wut gefährlich ist und unterdrückt werden muss. Oder dass wir Angst haben müssen, um uns zu schützen. Solche „Glaubenssätze" färben oft unbewusst unsere Wahrnehmung und verstärken emotionale Reaktionen. Sie zu erkennen ist ein wichtiger Schritt, um den Teufelskreis zu durchbrechen.

Eine andere Falle sind sogenannte „kognitive Verzerrungen" - Denkfehler, die unsere Wahrnehmung verzerren und negative Gefühle verstärken können. Ein Beispiel ist das „Katastrophisieren" - die Tendenz, von einem Einzelfall gleich auf den schlimmstmöglichen Ausgang zu schließen. Wenn unser Partner einmal nicht ans Telefon geht, denken wir vielleicht sofort: „Es ist etwas Schreckliches passiert!" Solche Verzerrungen zu erkennen und durch realistische Gedanken zu ersetzen, kann emotionale Reaktionen deutlich entschärfen.

Ein weiterer Schlüssel zum Verständnis unserer Gefühle liegt in der Erforschung der eigenen Bedürfnisse und Werte. Was ist mir wirklich wichtig im Leben? Wonach sehne ich mich zutiefst? Wo liegen meine persönlichen Grenzen? Je klarer wir in diesen Fragen werden, desto leichter können wir die Botschaften unserer Emotionen entschlüsseln. Wir erkennen, wann ein Gefühl uns sagen will: „Achtung, hier ist etwas nicht stimmig mit deinen Werten!" Oder: „Dieses Bedürfnis braucht gerade deine volle Aufmerksamkeit."

Natürlich ist die Entschlüsselung unserer Gefühle nicht immer einfach. Oft steckt schiere Überforderung hinter emotionalen Turbulenzen, eine Überlastung unseres inneren Stresssystems. Damit werden wir uns im nächsten Abschnitt genauer beschäftigen.

Stressachse und ihre Auswirkungen

Stress ist ein wesentlicher Faktor bei der Entstehung und Aufrechterhaltung belastender Gefühle. Wenn wir ständig von Termindruck, Konflikten oder Sorgen gehetzt sind, gerät unser emotionales Gleichgewicht leicht aus den Fugen. Wir werden reizbar, ängstlich oder fühlen uns niedergeschlagen. Auf Dauer kann chronischer Stress sogar zu ernsthaften Erkrankungen wie Depressionen oder Burn-out führen.

Aber was genau passiert in unserem Körper, wenn wir Stress erleben? Verantwortlich ist die sogenannte „Stressachse" - das Zusammenspiel von Nervensystem, Hormonsystem und Immunsystem. Im Zentrum steht die Ausschüttung der Stresshormone Adrenalin und Kortisol. Sie versetzen uns in erhöhte Alarmbereitschaft, mobilisieren Energiereserven und unterdrücken Vorgänge, die im Moment nicht überlebenswichtig sind, wie Verdauung oder Sexualfunktionen.

An sich ist diese Stressreaktion sinnvoll und hilft uns, mit Herausforderungen umzugehen. Entscheidend ist jedoch die Dosis und Dauer der Belastung. Man unterscheidet zwischen „Eustress", der positiv erlebten Aktivierung etwa vor einem sportlichen Wettkampf, und „Distress", der schädlichen Überforderung durch lang anhaltenden Stress.

Wenn die Stressachse zu häufig oder zu stark aktiviert wird, gerät sie aus dem Gleichgewicht. Die Ausschüttung der Stresshormone verselbstständigt sich und kann nicht mehr herunterreguliert werden. Der Körper bleibt im ständigen Alarmzustand, was auf Dauer zu Erschöpfung und Krankheit führt. Auch unsere Emotionen fahren dann oft Achterbahn. Wir fühlen uns getrieben, reizbar und dünnhäutig. Ängste und depressive Verstimmungen häufen sich.

Um aus diesem Teufelskreis auszusteigen, ist es wichtig, die eigenen Stressauslöser zu erkennen und zu reduzieren. Das können äußere Faktoren sein wie Lärm, Zeitdruck oder Konflikte. Es können aber auch innere Stressoren sein wie perfektionistische Ansprüche, negative Gedankenspiralen oder die Tendenz, die eigenen Bedürfnisse zu vernachlässigen.

In den folgenden Kapiteln werden wir uns eingehend mit Strategien beschäftigen, um besser mit Stress umzugehen. Vom bewussten Stress-abbau über Entspannungstechniken bis hin zu einer achtsamen Lebensweise - es gibt viele wirksame Ansatzpunkte, um die Stressachse wieder ins Gleichgewicht zu bringen. So schaffen wir die Basis für mehr emotionale Stabilität und Wohlbefinden.

Zunächst aber wollen wir uns einem ganz zentralen Thema widmen: der Frage, warum es so wichtig ist, auch unangenehme Gefühle anzunehmen und auszuhalten, statt sie zu vermeiden. Im nächsten Kapitel geht es um den Unterschied zwischen Akzeptanz und Vermeidung - und darum, wie wir lernen können, auch in stürmischen Gefühlslagen gelassen zu bleiben. Ich verspreche Ihnen, es lohnt sich, hier genau hinzuschauen. Los geht's!

Akzeptieren statt Vermeiden

Kennen Sie das? Ein unangenehmes Gefühl wie Angst, Wut oder Traurigkeit steigt in Ihnen auf - und alles in Ihnen sträubt sich dagegen. Am liebsten würden Sie das Gefühl so schnell wie möglich loswerden, sich ablenken oder die Situation verlassen. Doch so verständlich der Impuls zur Vermeidung ist: Auf Dauer ist er keine Lösung. Im Gegenteil: Je mehr wir versuchen, unliebsame Gefühle zu unterdrücken, desto stärker und hartnäckiger werden sie oft.

In diesem Kapitel möchte ich Ihnen einen alternativen Weg aufzeigen - den Weg der Akzeptanz. Akzeptanz bedeutet, auch unangenehme Gefühle zuzulassen und auszuhalten, ohne sie verändern zu wollen. Es bedeutet, „Ja" zu sagen zu unserer inneren Erfahrung, so wie sie ist. Dieser Ansatz mag zunächst paradox erscheinen. Doch er birgt ein enormes Potenzial für emotionale Befreiung und persönliches Wachstum.

Warum Vermeidung keine Lösung ist

Vermeidung ist eine der häufigsten Strategien im Umgang mit schwierigen Gefühlen. Wir versuchen, die Emotion loszuwerden, indem wir sie unterdrücken, uns ablenken oder die auslösende Situation meiden. Kurzfristig kann das tatsächlich Erleichterung bringen. Langfristig jedoch verstärkt Vermeidung oft genau die Probleme, die sie eigentlich lösen soll.

Stellen Sie sich vor, Sie leiden unter Flugangst. Jedes Mal, wenn ein Flug ansteht, sagen Sie ihn in letzter Minute ab, weil die Angst zu überwältigend ist. Zunächst sind Sie erleichtert. Doch auf

Dauer wird die Angst dadurch nicht kleiner, sondern größer. Jede vermiedene Situation bestätigt Ihrem Gehirn: „Fliegen ist gefährlich, sonst hätte ich es ja nicht vermieden." Die Angst verfestigt sich, der Teufelskreis setzt sich fort.

Ähnlich ist es mit der Unterdrückung von Gefühlen. Wenn wir versuchen, eine Emotion gewaltsam „wegzudrücken", geschieht oft das Gegenteil: Sie kommt verstärkt zurück. Ein klassisches Beispiel ist der Gedanke „Denk jetzt bloß nicht an einen rosa Elefanten!" - und schon taucht er erst recht in unserem inneren Bild auf. Je mehr wir gegen unerwünschte Gefühle ankämpfen, desto mehr Raum und Energie geben wir ihnen.

Vermeidung kann auch dazu führen, dass wir immer größere Lebensräume einschränken, um unangenehme Gefühle zu umgehen. Wer unter sozialer Angst leidet, zieht sich vielleicht immer mehr zurück, um peinliche Situationen zu vermeiden. Wer Versagensangst hat, traut sich womöglich irgendwann gar nichts mehr zu. So berauben wir uns wertvoller Erfahrungs- und Entwicklungsmöglichkeiten.

Nicht zuletzt kostet Vermeidung enorm viel psychische Energie. Ständig müssen wir auf der Hut sein, Situationen scannen, Auswege planen. Diese Energie fehlt uns dann für positive Dinge - für Freude, Engagement, Beziehungen. Auf Dauer fühlen wir uns erschöpft, leer und fremdbestimmt.

All das soll nicht heißen, dass Vermeidung immer falsch ist. In manchen Situationen kann sie durchaus sinnvoll sein, etwa wenn eine echte Gefahr droht. Problematisch wird sie, wenn sie zum Dauerzustand wird und uns daran hindert, ein erfülltes Leben nach unseren Werten zu führen.

Die Alternative heißt Akzeptanz: Wir hören auf, gegen unliebsame Gefühle zu kämpfen. Stattdessen üben wir, sie zuzulassen, ohne uns mit ihnen zu identifizieren. Wie das gelingen kann, schauen wir uns im nächsten Abschnitt genauer an.

Gefühle aushalten lernen

Gefühle zu akzeptieren bedeutet nicht, sie gut zu finden oder sich ihnen auszuliefern. Es bedeutet, sie zunächst einmal wahrzunehmen und zuzulassen, ohne sie verändern zu wollen. Wir registrieren: „Da ist Angst. Ich spüre sie in meinem Bauch als Enge und Anspannung." Oder: „Da ist Ärger. Ich merke, wie mein Puls schneller wird und meine Muskeln sich anspannen." Wir betrachten das Gefühl mit freundlicher Neugier, so als würden wir einer Wolke am Himmel zusehen.

Eine kraftvolle Technik, um in turbulenten Gefühlen Anker zu werfen, ist das „achtsame Verharren". Anstatt vor der Emotion davonzulaufen, bleiben wir ganz bewusst bei ihr. Wir spüren das Gefühl in all seinen Facetten - wo genau es sich im Körper zeigt, ob es fest oder fließend ist, ob es pulsiert oder brennt. Wir folgen dem Atem, während wir mit dem Gefühl in Kontakt bleiben. Oft merken wir dann: Das Gefühl verändert sich von alleine, es ebbt von alleine wieder ab.

Mit der Zeit und Übung wächst unsere Toleranz für unangenehme Gefühle. Wir lernen: Ich muss vor Emotionen keine Angst haben. Ich kann sie aushalten, auch wenn es sich im Moment unangenehm anfühlt. Das bedeutet nicht, dass wir Schmerzen oder Traurigkeit auf Dauer ertragen müssen. Aber wir gewinnen einen Spielraum, einen Moment des Innehaltens, in dem wir entscheiden können, wie wir mit dem Gefühl umgehen wollen.

Ein wichtiger Schlüssel zur Akzeptanz der eigenen Gefühle ist Selbstmitgefühl. Selbstmitgefühl bedeutet, sich selbst mit Freundlichkeit, Verständnis und Anteilnahme zu begegnen - gerade dann, wenn man leidet. Statt uns für unsere Gefühle zu verurteilen („Jetzt reiß dich mal zusammen!"), nehmen wir sie an wie die eines guten Freundes. Wir spenden uns innerlich Trost und erinnern uns daran, dass Schmerz zum Menschsein dazugehört.

Selbstmitgefühl lässt sich trainieren, etwa durch Übungen wie den „Selbstmitgefühl-Break". Wenn Sie von schwierigen Gefühlen überwältigt werden, halten Sie einen Moment inne. Legen Sie vielleicht eine Hand auf die Stelle, an der Sie das Gefühl am stärksten spüren. Sprechen Sie innerlich zu sich wie zu einem guten Freund: „Das ist gerade ein schwieriger Moment. Es tut weh, das zu fühlen. Aber ich bin für mich da. Ich gebe mir, was ich jetzt brauche."

Akzeptanz und Selbstmitgefühl sind zentrale Pfeiler der Achtsamkeit - einer inneren Haltung, die wir später noch genauer betrachten werden. Sie sind aber auch wesentliche Elemente einer therapeutischen Richtung, die in den letzten Jahren immer mehr an Bedeutung gewonnen hat: der Akzeptanz- und Commitment-Therapie, kurz ACT. Mit ihren Grundgedanken werden wir uns im nächsten Abschnitt beschäftigen.

Einführung in ACT

(Akzeptanz- und Commitment-Therapie)

Die Akzeptanz- und Commitment-Therapie (ACT) ist ein Ansatz der „dritten Welle" der Verhaltenstherapie. Im Unterschied zu klassischen Verfahren zielt sie nicht primär darauf ab, unangenehme Gefühle und Gedanken zu beseitigen.

Stattdessen geht es darum, sie anzunehmen und sich auf ein wertorientiertes Leben auszurichten.

Ein Kerngedanke der ACT lautet: Nicht unsere schwierigen Gefühle an sich machen uns zu schaffen, sondern unser Kampf dagegen. Je mehr wir versuchen, unangenehme innere Erfahrungen zu vermeiden oder zu unterdrücken, desto mehr schränken wir unser Leben ein. Wir verzichten auf Dinge, die uns wichtig sind, nur um Angst, Trauer oder Scham aus dem Weg zu gehen. Die ACT lädt uns ein, diese Vermeidungsstrategie aufzugeben und uns unseren Gefühlen zu stellen.

Das bedeutet nicht, dass wir uns unseren Emotionen ausliefern oder sie gut finden müssen. Es bedeutet, sie als Teil unseres menschlichen Erlebens zu akzeptieren und uns trotzdem für ein sinnerfülltes Leben zu entscheiden. Die ACT nennt das „bereitwilliges Annehmen": Wir sind bereit, auch unangenehme Gefühle zu haben, wenn sie auf dem Weg zu unseren Zielen unvermeidlich sind.

Ein weiterer zentraler Aspekt der ACT ist die Förderung der „psychologischen Flexibilität". Darunter versteht man die Fähigkeit, je nach Situation flexibel und angemessen zu reagieren, statt starr an gewohnten Verhaltensmustern festzuhalten. Wer psychologisch flexibel ist, kann auch bei innerer Anspannung gelassen bleiben, neue Perspektiven einnehmen und werteorientiert handeln.

Die ACT arbeitet mit sechs zentralen Prozessen, um psychologische Flexibilität zu fördern:

1. Akzeptanz: Unangenehme Gefühle und Gedanken willkommen heißen, ohne sie verändern zu wollen.

2. Kognitive Defusion: Erkennen, dass Gedanken nur Gedanken sind - nicht die Realität. Abstand zu belastenden Gedanken gewinnen.

3. Gegenwärtigkeit: Mit allen Sinnen im Hier und Jetzt präsent sein.

4. Selbst-als-Kontext: Die Erfahrung eines überdauernden, beobachtenden Selbst jenseits von Gedanken und Gefühlen.

5. Werte: Klarheit darüber gewinnen, was im Leben wirklich wichtig ist.

6. Engagiertes Handeln: Das Verhalten konsequent an den eigenen Werten ausrichten.

In der Praxis kommen dabei viele erfahrungsorientierte Übungen und Metaphern zum Einsatz. Eine bekannte Intervention ist etwa die „Kuchenübung". Stellen Sie sich vor, alle Ihre belastenden Gedanken und Gefühle wären Zutaten eines

Kuchens. Da sind die Rosinen Ihrer Angst, die Mandelsplitter Ihres Ärgers, die bitteren Kakaoströme Ihrer Traurigkeit. Die Kuchenform ist Ihr Vermeidungsverhalten: Sie versuchen, all diese ungeliebten Zutaten zusammenzuhalten und zu kontrollieren.

Jetzt stellen Sie sich vor, Sie öffnen die Backform und lassen die Zutaten einfach sein, wie sie sind. Sie rühren sie nicht mehr durch, versuchen sie nicht mehr in eine bestimmte Form zu pressen. Was passiert? Der Kuchen zerbröselt, verliert seine bedrohliche Gestalt. Vielleicht können Sie jetzt sogar die ein oder andere Zutat wertschätzen - die Süße der Rosinen, die Würze der Mandeln.

So lädt uns die „Kuchenübung" ein, unsere innere Erfahrung anzunehmen, anstatt gegen sie anzukämpfen. Wir müssen unsere Gefühle und Gedanken nicht mögen. Aber wir können sie sein lassen und unsere Energie stattdessen darauf richten, ein sinnerfülltes Leben zu führen.

Und genau das ist das übergeordnete Ziel der ACT: Menschen dabei zu unterstützen, ein reiches, lebendiges und bedeutungsvolles Leben zu führen, unabhängig davon, welche inneren Hindernisse auftauchen. Es geht nicht darum, „gut drauf" zu sein, sondern mutig und engagiert für die eigenen Werte einzustehen. Auch und gerade dann, wenn es schwierig ist.

Auf diesem Weg ist Akzeptanz der erste und wichtigste Schritt. Indem wir aufhören, gegen unsere Gefühle zu kämpfen, gewinnen wir innere Freiheit und Stärke. Wir müssen keine Angst mehr vor unserer Angst haben. Wir können unseren Schmerz annehmen, ohne uns mit ihm zu identifizieren. Und von diesem Boden der Akzeptanz aus können wir uns aufmachen in ein Leben, das uns zutiefst erfüllt und bereichert.

Im nächsten Kapitel werden wir uns eingehend mit einer weiteren wirksamen Methode beschäftigen, um unser Verhältnis zu schwierigen Gedanken und Gefühlen zu verändern: der kognitiven Umstrukturierung. Lassen Sie uns gemeinsam erforschen, wie wir durch eine Veränderung unserer Denkmuster auch unser Erleben positiv beeinflussen können. Es lohnt sich!

Emotionen kognitiv umstrukturieren

Unsere Gefühle sind untrennbar mit unseren Gedanken verbunden. Wie wir eine Situation bewerten, entscheidet maßgeblich darüber, welche Emotionen wir empfinden. Nehmen wir an, Sie sitzen im Wartezimmer Ihres Zahnarztes. Wenn Sie denken: „Hoffentlich findet er keinen Zahn, der gezogen werden muss!", werden Sie vermutlich Angst und Anspannung spüren. Denken Sie hingegen: „Gleich habe ich es hinter mir und meine Zähne sind wieder fit", aktivieren Sie eher ein Gefühl von Zuversicht oder Erleichterung.

An diesem Beispiel wird deutlich: Oft sind es weniger die äußeren Umstände, die unsere Gefühle hervorrufen, als unsere inneren Bewertungen und Überzeugungen. Und genau hier setzt die kognitive Umstrukturierung an. Ziel ist es, belastende Denkmuster zu erkennen, zu hinterfragen und schrittweise durch hilfreiche zu ersetzen. Auf diese Weise können wir auch unser emotionales Erleben positiv beeinflussen.

Die kognitive Verhaltenstherapie (CBT)

Die Grundlagen der kognitiven Umstrukturierung wurden in den 1960er Jahren von dem amerikanischen Psychiater Aaron T. Beck entwickelt. Er beobachtete, dass viele seiner depressiven Patienten unter negativen, selbstabwertenden Gedanken litten. Diese „automatischen Gedanken" schienen wie ein verzerrter Filter die Wahrnehmung zu trüben und die depressive Stimmung aufrechtzuerhalten.

Beck entwickelte daraufhin die kognitive Therapie, später kognitive Verhaltenstherapie (CBT) genannt. Kerngedanke ist, dass nicht die Ereignisse an sich, sondern deren Interpretation unser Erleben und Verhalten bestimmen. Durch eine Veränderung der Denkmuster, so die Annahme, lassen sich auch emotionale und verhaltensbezogene Probleme auflösen.

Die CBT geht dabei von drei Ebenen der Kognition aus:

1. Automatische Gedanken: Das sind die unmittelbaren, oft unbewussten Bewertungen, die

in bestimmten Situationen wie reflexartig auftreten. Beispiele sind „Das schaffe ich nie" oder „Ich bin ein Versager".

2. Grundannahmen: Das sind tiefer liegende Überzeugungen, die unser Denken und Handeln prägen. Sie haben oft die Form von Wenn-Dann-Sätzen, etwa „Wenn ich Fehler mache, bin ich wertlos" oder „Ich muss von allen gemocht werden, um okay zu sein".

3. Kernüberzeugungen: Das sind die grundlegendsten Annahmen einer Person über sich selbst, andere und die Welt. Beispiele sind „Ich bin liebenswert" oder „Die Welt ist gefährlich".

In der kognitiven Therapie geht es nun darum, dysfunktionale Gedanken auf allen drei Ebenen zu identifizieren und zu verändern. Dazu werden zunächst die automatischen Gedanken ins Bewusstsein geholt, etwa durch Selbstbeobachtung oder gezielte Befragung. Dann werden sie einer „Realitätsprüfung" unterzogen: Stimmt dieser Gedanke wirklich? Welche Beweise gibt es dafür oder dagegen? Gibt es alternative Sichtweisen?

Schritt für Schritt werden so die negativen Denkmuster durch realistischere und hilfreichere Interpretationen ersetzt. Mit der Zeit verändern sich auch die tiefer liegenden Grundannahmen und Kernüberzeugungen. Die Person lernt, sich selbst und die Welt in einem neuen, günstigeren Licht zu sehen.

Zahlreiche Studien belegen die Wirksamkeit der kognitiven Therapie bei Depressionen, Angststörungen und anderen psychischen Problemen. Auch bei der Bewältigung von Alltagsstress und der Verbesserung des emotionalen Wohlbefindens hat sich der Ansatz vielfach bewährt. Wichtig ist dabei, dass die neuen Denkmuster nicht nur kognitiv verstanden, sondern auch emotional verankert und im Alltag erprobt werden.

Eine Variante der kognitiven Therapie, die sich besonders auf die Veränderung irrationaler Überzeugungen konzentriert, ist die Rational-Emotive Verhaltenstherapie (REVT) nach Albert Ellis. Mit ihren Grundgedanken werden wir uns im nächsten Abschnitt beschäftigen.

Die Methode von Albert Ellis (REBT)

Der amerikanische Psychologe Albert Ellis gilt als einer der einflussreichsten Wegbereiter der kognitiven Verhaltenstherapie. In den 1950er Jahren entwickelte er die Rational-Emotive Verhaltenstherapie (REVT), die davon ausgeht, dass viele psychische Probleme durch irrationale Überzeugungen ausgelöst und aufrechterhalten werden.

Ellis definiert irrationale Überzeugungen als absolut formulierte, unrealistische und hinderliche Gedanken. Sie äußern sich oft in Form von „Muss-Sätzen", etwa „Ich muss perfekt sein", „Andere müssen so sein, wie ich will" oder „Die Welt muss fair sein". Solche starren Forderungen an sich selbst, andere und das Leben führen laut Ellis zwangsläufig zu emotionalem Leid, denn sie sind in einer unvollkommenen Welt nicht zu erfüllen.

Ein zentrales Modell der REVT ist das „ABC-Modell". Es beschreibt den Zusammenhang zwischen einem Ereignis (A = activating event), unseren Gedanken dazu (B = beliefs) und den resultierenden Gefühlen und Verhaltensweisen (C = consequences). Nicht das Ereignis an sich ruft Gefühle hervor, sondern unsere Bewertung. Je nachdem, wie realistisch oder irrational diese ausfällt, reagieren wir mehr oder weniger angemessen.

Ein Beispiel: Angenommen, Sie werden zu einer Party eingeladen (A). Wenn Sie nun denken „Ich werde mich dort sicher blamieren, die anderen müssen mich für super halten" (B), werden Sie mit großer Wahrscheinlichkeit Angst und Anspannung empfinden (C). Denken Sie hingegen „Ich freue mich auf die Party, auch wenn ich nicht der Mittelpunkt sein werde", werden eher Gefühle von Vorfreude und Gelassenheit entstehen.

Ziel der REVT ist es, irrationale Überzeugungen aufzuspüren und durch rationale zu ersetzen. Dazu werden die Gedanken zunächst sorgfältig analysiert: Welche Muss-Sätze stecken dahinter? Wie realistisch sind diese Forderungen? Welche Beweise gibt es dafür oder dagegen? Anschließend werden alternative, realistischere Sichtweisen entwickelt, etwa „Ich hätte es gerne, dass die anderen mich mögen, aber ich muss es nicht unbedingt haben, um okay zu sein."

Mit etwas Übung können wir lernen, unsere Gedanken wie ein Wissenschaftler zu untersuchen und zu hinterfragen. Wir entwickeln eine Art „inneren Diskussionspartner", der unsere automatischen Bewertungen kritisch prüft. So gewinnen wir Abstand zu unseren Gedanken und erkennen: Ich bin nicht meine Gedanken. Ich habe Gedanken, aber ich kann wählen, ob ich sie für bare Münze nehme.

Neben der kognitiven Analyse setzt die REVT auch stark auf Verhaltensexperimente und Übungen. So werden die Klienten ermutigt, aktiv neue Erfahrungen zu machen, die den gewohnten Denkmustern widersprechen. Wer sich beispielsweise für wertlos hält, übt, die eigenen Stärken wahrzunehmen und wertzuschätzen. Durch wiederholte positive Erlebnisse können sich die neuen Überzeugungen nach und nach im Gehirn verankern.

Die REVT hat sich in vielen Studien als wirksam erwiesen, insbesondere bei Depressionen, Angststörungen und Stress-bedingten Problemen. Auch zur Bewältigung von Ärger, Scham und Schuldgefühlen hat sich der Ansatz vielfach bewährt. Entscheidend für den Erfolg ist die Bereitschaft, die eigenen Denkmuster kritisch zu hinterfragen und sich auf neue Sichtweisen einzulassen.

Ein wichtiger Schritt dabei ist die Arbeit an der eigenen Selbstakzeptanz. Statt uns für unsere vermeintlichen Fehler und Schwächen zu verurteilen, geht es darum, uns so anzunehmen, wie wir sind. Mit Mitgefühl und Verständnis für unsere menschliche Unvollkommenheit. Dieser liebevolle Blick auf uns selbst ist die Basis, von der aus Veränderung überhaupt erst möglich wird.

Im nächsten Abschnitt werden wir uns praktisch damit befassen, wie wir kognitive Techniken im Alltag anwenden können, um negative Gedankenspiralen zu durchbrechen und eine neue, selbstunterstützende Perspektive zu entwickeln. Ich verspreche Ihnen: Es ist einfacher, als Sie vielleicht denken. Und es kann Ihr Leben in wunderbarer Weise bereichern.

Praktische Beispiele und Übungen

Genug der Theorie - lassen Sie uns die kognitive Umstrukturierung in die Praxis umsetzen! Hier finden Sie einige Beispiele und Übungen, mit denen Sie belastende Gedanken entmachten und hilfreiche neue Sichtweisen entwickeln können.

Zunächst einmal ist es wichtig, die eigenen automatischen Gedanken überhaupt wahrzunehmen. Oftmals huschen sie blitzschnell durch unseren Kopf, ohne dass wir sie bewusst registrieren. Eine gute Möglichkeit, sie zu „erwischen", ist das Führen eines Gedankenprotokolls. Notieren Sie über mehrere Tage hinweg Situationen, in denen Sie negative Gefühle erlebt haben. Schreiben Sie auf, was genau passiert ist und welche Gedanken Ihnen dabei durch den Kopf gingen.

Beispiel:

Situation: Freund sagt Verabredung kurzfristig ab.

Gedanken: „Er mag mich nicht mehr. Ich bin ihm egal. Ich bin nicht liebenswert."

Gefühle: Traurigkeit, Einsamkeit, Selbstzweifel

Verhalten: Ziehe mich zurück, suche keinen Kontakt mehr.

Haben Sie auf diese Weise einige typische Gedankenmuster identifiziert, können Sie beginnen, sie zu hinterfragen. Stellen Sie sich dazu folgende Fragen:

1. Welche Beweise gibt es für und gegen diesen Gedanken?

2. Gibt es alternative Erklärungen für die Situation?

3. Was würde ich einem guten Freund in so einer Situation sagen?

4. Wie wahrscheinlich ist es, dass meine Befürchtung eintritt?

5. Angenommen, meine negative Annahme stimmt - wäre das so schrecklich, wie ich glaube? Könnte ich es aushalten?

Bezogen auf das Beispiel oben könnten hilfreiche Antworten sein:

1. Beweise dagegen: Mein Freund hat sich entschuldigt und einen triftigen Grund genannt. Beim letzten Treffen hatten wir viel Spaß zusammen. Beweise dafür: Im Moment weniger Kontakt als sonst.

2. Alternative Erklärungen: Mein Freund ist im Stress und hat gerade wenig Zeit. Er hat die Verabredung nicht aus böser Absicht abgesagt. Vielleicht ist er selbst unsicher und traut sich nicht, von sich aus auf mich zuzugehen.

3. Zu einem Freund würde ich sagen: „Sei nicht so streng mit dir. Nur weil er diesmal keine Zeit hatte, heißt das nicht, dass er dich nicht mag. Vielleicht rufst du ihn einfach in den nächsten Tagen noch mal an und fragst, wie es ihm geht."

4. Wahrscheinlichkeit: Eher gering. Wir sind seit Jahren befreundet und hatten bisher ein gutes Verhältnis. Ein abgesagtes Treffen ist kein Grund, unsere Freundschaft in Frage zu stellen.

5. Es wäre sehr traurig und enttäuschend, einen Freund zu verlieren. Aber ich würde es aushalten. Ich habe auch andere Menschen, die mich unterstützen, und könnte neue Freundschaften knüpfen.

Auf diese Weise gewinnen wir eine differenziertere Sicht auf die Situation. Wir erkennen, dass unsere Befürchtungen oftmals übertrieben sind und es meist harmlosere Erklärungen gibt.

Aus dieser gelasseneren Perspektive können wir dann angemessener reagieren - im Beispiel etwa, indem wir den Kontakt zum Freund nicht gleich abbrechen, sondern das Gespräch suchen.

Eine weitere hilfreiche Technik ist das „Reframing" - die Neubewertung einer Situation. Dabei geht es darum, den Blickwinkel zu wechseln und nach der verborgenen Chance oder Lernerfahrung zu suchen. Statt einer Absage nur die Kränkung zu sehen, könnten wir beispielsweise denken: „Jetzt habe ich unverhofft Zeit für mich selbst. Das ist eine gute Gelegenheit, um etwas zu tun, was mir guttut."

Oder nehmen wir an, Sie haben eine Prüfung nicht bestanden und denken automatisch „Ich bin ein Versager". Ein Reframe könnte sein: „Diese Erfahrung zeigt mir, dass ich meine Lernstrategie verbessern muss. Beim nächsten Mal werde ich mich besser vorbereiten. Schwierigkeiten gehören zum Lernprozess dazu, sie sagen nichts über meinen Wert als Mensch aus."

Mit ein bisschen Übung wird es Ihnen immer leichter fallen, Ihre Gedanken zu hinterfragen und flexibel neue Sichtweisen zu entwickeln. Eine Möglichkeit, die neuen Denkmuster zu verankern, sind positive Selbstgespräche. Überlegen Sie, was eine wohlwollende innere Stimme Ihnen in schwierigen Situationen sagen würde, etwa „Du schaffst das", „Es ist okay, Fehler zu machen" oder „Du bist liebenswert, so wie du bist". Wiederholen Sie diese ermutigenden Sätze regelmäßig für sich, laut oder in Gedanken.

Denken Sie daran: Veränderung braucht Zeit und Geduld. Es ist völlig normal, wenn Sie immer wieder in alte Denkmuster zurückfallen. Entscheidend ist, dass Sie liebevoll mit sich umgehen und sich Schritt für Schritt in Richtung Ihrer Ziele bewegen. Feiern Sie jeden Erfolg und se ien Sie großzügig mit sich, wenn es mal nicht so läuft wie erhofft. Mit der Zeit werden die neuen Gedanken immer selbstverständlicher. Sie werden merken, wie Ihr Selbstbild sich aufhellt und Sie gelassener mit Herausforderungen umgehen können.

Zum Abschluss möchte ich Ihnen noch eine kleine Übung ans Herz legen. Schreiben Sie Ihre typischen negativen Glaubenssätze auf Kartei-karten, zum Beispiel „Ich muss perfekt sein, um geliebt zu werden". Schreiben Sie nun auf die Rückseite das genaue Gegenteil, also „Ich bin lie-benswert, auch wenn ich Fehler mache". Lesen Sie die positiven Sätze mehrmals täglich und spüren Sie nach, wie sie sich anfühlen. Auch wenn sie zunächst ungewohnt oder unglaub-würdig erscheinen - mit der Zeit werden sie sich ins Unterbewusstsein einprägen.

Liebe Leserin, lieber Leser, ich hoffe, diese praktischen Anregungen ermutigen Sie, Ihre Gedanken- und Gefühlswelt aktiv zu gestalten.

Positive Veränderung ist möglich, auch wenn der Weg manchmal steinig erscheint. Mit Achtsamkeit, Mitgefühl und kognitiven Strategien haben Sie wirksame Werkzeuge an der Hand, um alte Muster aufzubrechen und sich neu zu entdecken.

Im nächsten Kapitel werden wir uns eingehend damit beschäftigen, wie Sie Ihren emotionalen Kompass gezielt steuern und auch in stürmischen Zeiten die innere Balance bewahren können. Ich freue mich darauf, gemeinsam mit Ihnen zu erforschen, wie Sie durch Atemtechniken, Imagination und Körperachtsamkeit Zentrum und Halt finden. Lassen Sie uns voller Neugier aufbrechen zu diesem nächsten Schritt unserer inneren Entdeckungsreise!

Strategien für die emotionale Regulation

Unsere Gefühle sind wie das Wetter - mal sonnig und heiter, mal stürmisch und aufgewühlt. Oft fühlen wir uns unseren emotionalen Zuständen ausgeliefert, vor allem wenn sie intensiv und unangenehm sind. Doch ebenso wie wir uns auf Regen und Wind einstellen können, haben wir auch die Möglichkeit, unser inneres Klima positiv zu beeinflussen. In diesem Kapitel möchte ich Ihnen wirksame Strategien vorstellen, mit denen Sie Ihre Gefühle gezielt regulieren und auch in herausfordernden Situationen im Gleichgewicht bleiben können.

Atemtechniken

Der Atem ist eine Brücke zwischen unserem Körper und unserem Geist. Wenn wir aufgeregt oder gestresst sind, wird unsere Atmung flach und gepresst. Sind wir entspannt, atmen wir tief und ruhig. Interessanterweise gilt dieser Zusammenhang auch umgekehrt: Durch eine bewusste Veränderung des Atems können wir direkten Einfluss auf unseren emotionalen Zustand nehmen.

Eine einfache, aber hochwirksame Technik ist das „Box Breathing" oder „Quadrat-Atmen". Dabei atmet man in einem gleichmäßigen Rhythmus von vier Schritten:

1. Atmen Sie langsam und tief durch die Nase ein, während Sie innerlich bis vier zählen.

2. Halten Sie den Atem an, während Sie erneut bis vier zählen.

3. Atmen Sie langsam und vollständig durch den Mund aus, wieder bis vier zählend.

4. Halten Sie die Lunge leer, während Sie ein letztes Mal bis vier zählen.

Wiederholen Sie diesen Zyklus einige Minuten lang. Stellen Sie sich dabei ein Quadrat vor, dessen Seiten Sie mit jedem Schritt zeichnen. Diese Visualisierung kann helfen, den Fokus zu halten und den Atem zu vertiefen.

Eine Variante ist die 4-7-8-Technik, bei der Sie vier Sekunden einatmen, sieben Sekunden den Atem anhalten und acht Sekunden ausatmen. Diese ungleiche Verteilung aktiviert besonders den Parasympathikus, unseren „Ruhe- und Erholungsnerv". So können Anspannung und Stress effektiv abgebaut werden.

Entscheidend bei allen Atemübungen ist, dass Sie den Atem nicht pressen oder zwingen. Atmen Sie in einem für Sie angenehmen Rhythmus, auch wenn Sie die vorgegebenen Zählzeiten nicht gleich einhalten können. Mit der Zeit wird sich Ihr Atemvolumen ganz natürlich vertiefen und verlängern.

Regelmäßiges Atemtraining hat einen nachweislich beruhigenden Effekt auf die Amygdala, unser „Angstzentrum" im Gehirn. Schon wenige Minuten bewussten Atmens können intense Gefühle wie Angst, Wut oder Trauer spürbar lindern. Zudem stärken Sie mit der Zeit Ihre „emotionale Fitness" - die Fähigkeit, auch in Stresssituationen gelassen und handlungsfähig zu bleiben.

Impulse kontrollieren lernen

Heftige Gefühle gehen oft mit dem Impuls einher, sofort und unreflektiert zu handeln. Wenn wir wütend sind, wollen wir vielleicht etwas Verletzendes sagen. Wenn wir Angst haben, ist unser erster Gedanke oft, die Situation zu vermeiden. Solche emotionalen Kurzschlussreaktionen fühlen sich im Moment vielleicht erleichternd an, führen langfristig aber meist zu noch mehr Problemen und Konflikten.

Hier hilft es, sich bewusst eine Pause zu nehmen, bevor man reagiert. Stellen Sie sich vor, zwischen Reiz und Reaktion gäbe es einen Moment des Innehaltens, einen Raum der Wahlmöglichkeit. In diesem Raum haben Sie die Freiheit, sich bewusst für eine Antwort zu entscheiden - unabhängig davon, was Ihre Impulse Ihnen vielleicht zuflüstern.

Eine einfache, aber effektive Technik ist die „10-Sekunden-Regel". Sobald Sie einen emotionalen Impuls verspüren, zählen Sie innerlich langsam bis zehn. Atmen Sie dabei bewusst tief durch und spüren Sie, wie sich Ihr Körper anfühlt. Diese kurze Verzögerung ermöglicht es den höheren Hirnzentren, die Führung zu übernehmen und die Situation neu zu bewerten. Aus der Distanz betrachtet verlieren viele Impulse ihre Dringlichkeit und wir können überlegt und angemessen handeln.

Ein weiterer Ansatz ist das „Surfen auf der Welle". Stellen Sie sich Ihre Gefühle als eine Welle vor, die kommt, anschwillt, ihren Höhepunkt erreicht und wieder abebbt. Statt die Welle krampfhaft aufhalten zu wollen, machen Sie sich bewusst: Ich muss dieses Gefühl nicht augenblicklich loswerden. Ich kann es eine Weile aushalten, ohne von ihm überwältigt zu werden. Meist ebben intensive Gefühle nach 10-20 Minuten von allein wieder ab, wenn wir sie nicht durch negative Gedanken oder Handlungen zusätzlich befeuern.

Mit der Zeit und Übung wird es Ihnen immer leichter fallen, den Raum zwischen Reiz und Reaktion zu vergrößern. Sie werden sich weniger von Ihren Impulsen gesteuert fühlen und mehr als Kapitän Ihres emotionalen Schiffs. Entscheidend ist dabei die innere Haltung: Begegnen Sie sich selbst mit Freundlichkeit und Verständnis, auch wenn Sie mal daneben liegen. Jeder neue Moment ist eine Chance, es anders zu machen.

Selbstsuggestionen und positive Selbstgespräche

Unsere inneren Dialoge haben einen enormen Einfluss auf unsere Gefühlswelt. Oft sind wir uns gar nicht bewusst, wie wir im Stillen mit uns selbst sprechen. Vielleicht ertappen wir uns dabei, wie wir uns für Fehler runtermachen, uns ängstlich vormachen, was alles schiefgehen könnte oder uns selbst Mut und Zuversicht absprechen. Solche negativen Selbstgespräche können Stress und unangenehme Gefühle verstärken und uns innerlich lähmen.

Umgekehrt haben wir die Möglichkeit, uns durch positive Selbstgespräche zu beruhigen, zu motivieren und zu unterstützen. Die Idee dahinter ist einfach: Wenn wir uns immer wieder bestimmte hilfreiche Gedanken „vorsagen", prägen sie sich mit der Zeit ins Unterbewusstsein ein und werden Teil unseres emotionalen Autopiloten. Wir können sozusagen die Richtung unseres inneren Kompasses selbst programmieren.

Solche positiven Selbstsuggestionen oder Affirmationen sollten möglichst konkret, gegenwartsgerichtet und emotional bedeutsam formuliert sein. Statt abstrakten Phrasen wie „Ich bin okay" sind persönliche Sätze wie „Ich vertraue meiner Fähigkeit, mit Herausforderungen umzugehen" oder „In diesem Moment bin ich genau richtig, so wie ich bin" oft wirksamer. Wichtig ist, dass die Affirmationen für Sie stimmig sind und weder übertrieben noch unglaubwürdig wirken.

Nehmen Sie sich etwas Zeit und überlegen Sie, welche Kernbotschaften Ihnen guttun würden. Was würden Sie einem guten Freund in einer schwierigen Situation sagen? Wie würden Sie ein Kind ermutigen und unterstützen? Oft fällt es uns leichter, zu anderen freundlich und verständnisvoll zu sein als zu uns selbst. Versuchen Sie, dieses Mitgefühl auch nach innen zu richten und eine wohlwollende innere Stimme zu kultivieren.

Wiederholen Sie Ihre persönlichen kraftvollen Sätze regelmäßig, sei es laut oder in Gedanken. Gerade in herausfordernden Momenten können Sie sich damit gezielt Mut und Zuversicht zusprechen. Stellen Sie sich vor, wie Sie die Situation meistern, getragen von Ihren stärkenden inneren Bildern und Botschaften. Mit der Zeit werden Sie die positive Wirkung dieses mentalen Trainings immer deutlicher spüren.

Eine schöne Möglichkeit, Affirmationen im Alltag zu verankern, ist ein „Schatzkästchen der guten Gedanken". Schreiben Sie Ihre ermutigendsten Sätze auf kleine Zettel und bewahren Sie diese in einer hübschen Schachtel auf. Immer wenn Sie sich gestresst oder entmutigt fühlen, ziehen Sie einen Zettel und lassen Sie die positive Botschaft auf sich wirken. Sie werden merken, wie der Sog der negativen Gefühle sich lockert und neue Perspektiven sich eröffnen.

Liebe Leserin, lieber Leser, die Techniken in diesem Kapitel mögen im ersten Moment simpel erscheinen. Doch in ihrer Schlichtheit und Direktheit liegt ihre Kraft. Mit etwas Übung können Sie die Werkzeuge der Atemkontrolle, Impulsverzögerung und Autosuggestion jederzeit und überall abrufen. Sie sind wie ein innerer Anker, der Ihnen hilft, auch im Trubel widersprüchlicher Gedanken und Gefühle bei sich zu bleiben.

Gehen Sie behutsam und geduldig mit sich um. Veränderung braucht Zeit und liebevolle Wiederholung. Feiern Sie jeden kleinen Fortschritt und verzagen Sie nicht, wenn alte Muster Sie immer wieder einholen. Mit Ihrer Entscheidung, aktiv etwas für Ihr emotionales Wohlbefinden zu tun, haben Sie schon den wichtigsten Schritt getan.

Im nächsten Kapitel werden wir die Kraft der Achtsamkeit und der langfristigen Strategien erkunden. Sie werden erfahren, wie Sie Schritt für Schritt ein tragfähiges Fundament innerer Ruhe und Stabilität aufbauen. Ich freue mich darauf, gemeinsam mit Ihnen einzutauchen in das weite Land der Achtsamkeit und der persönlichen Wachstumsmöglichkeiten. Bis gleich!

Achtsamkeit und langfristige Strategien

Stellen Sie sich vor, Ihr Geist wäre ein Ozean. An der Oberfläche gibt es Wellen und manchmal stürmisches Gewoge - das sind Ihre Gedanken und Gefühle. Doch je tiefer Sie eintauchen, desto ruhiger und stiller wird es. Ganz unten am Meeresgrund herrscht vollkommene Ruhe. Dort sind Sie ganz bei sich, geborgen und in Frieden. Dieser Ort tiefer innerer Stille ist in jedem von uns. Mit Achtsamkeit können wir ihn entdecken und jederzeit dorthin zurückkehren - unabhängig davon, was an der Oberfläche gerade vor sich geht.

In diesem Kapitel möchte ich mit Ihnen erkunden, wie Sie Achtsamkeit zu einem festen Bestandteil Ihres Lebens machen können. Sie werden erfahren, wie Sie durch regelmäßige Übung Ihre Fähigkeit stärken, im Hier und Jetzt präsent zu sein. Und Sie werden sehen, wie Sie mit langfristigen Strategien ein stabiles Fundament für emotionale Balance und Resilienz aufbauen.

Achtsamkeit im Alltag integrieren

Achtsamkeit bedeutet, ganz bewusst und ohne zu werten im gegenwärtigen Moment zu sein. Wir nehmen wahr, was ist - Gedanken, Gefühle, Körperempfindungen, äußere Reize - ohne uns in Grübeleien über Vergangenheit oder Zukunft zu verlieren. Wir sind einfach da, Moment für Moment, und lassen das Leben durch uns hindurchströmen.

Viele Menschen verbinden Achtsamkeit vor allem mit formeller Meditation, bei der man für eine bestimmte Zeit in Stille sitzt. Doch Achtsamkeit lässt sich in jede Alltagssituation einbauen - beim Abwasch, beim Spazierengehen, beim Warten an der Supermarktkasse. Entscheidend ist die innere Haltung: Wir richten unsere volle Aufmerksamkeit auf das, was wir gerade tun, ohne uns ablenken zu lassen oder die Situation zu bewerten.

Eine wunderbare Übung, um Achtsamkeit zu kultivieren, ist der „Body Scan". Nehmen Sie sich dafür 10-20 Minuten Zeit, in denen Sie ungestört sind. Legen Sie sich bequem auf den Rücken und schließen Sie die Augen. Lenken Sie nun Ihre Aufmerksamkeit nacheinander auf die verschiedenen Körperregionen, von den Zehen bis zum Scheitel. Spüren Sie in jedes Körperteil hinein, ohne etwas verändern zu wollen. Nehmen Sie Wärme oder Kälte wahr, Spannung oder Entspannung, Kribbeln oder Schwere. Wenn Gedanken auftauchen, registrieren Sie sie und lassen Sie sie weiterziehen. Kehren Sie immer wieder sanft zum Körper zurück.

Der Body Scan hilft uns, den ständigen Gedankenstrom zu unterbrechen und im eigenen Körper anzukommen. Wir schulen unsere Fähigkeit, auch subtile Empfindungen wahrzunehmen und wertneutral zu beobachten. Mit der Zeit entwickeln wir eine Art „inneren Zeugen", der uns auch im Trubel des Alltags immer wieder in die Gegenwart zurückholt.

Eine andere Form der Achtsamkeitsübung ist die „Gehmeditation". Suchen Sie sich dafür einen ruhigen Ort, an dem Sie ungestört 10-20 Minuten gehen können, etwa einen Park oder einen Waldweg. Richten Sie Ihre Aufmerksamkeit ganz auf die Empfindungen des Gehens. Spüren Sie, wie Ihre Füße den Boden berühren, wie die Muskeln und Gelenke zusammenspielen, wie sich Ihr Gewicht verlagert. Wenn Gedanken kommen, lassen Sie sie ziehen wie Wolken am Himmel. Kehren Sie immer wieder zu den körperlichen Empfindungen zurück.

Auch alltägliche Handlungen wie Essen oder Zähneputzen eignen sich wunderbar für Achtsamkeitsübungen. Statt nebenbei zu lesen, fernzusehen oder in Gedanken schon beim nächsten

Termin zu sein, richten Sie Ihre volle Aufmerksamkeit auf das, was Sie gerade tun. Seien Sie ganz präsent für die Gerüche, Geschmäcker, Berührungen und Geräusche. Lassen Sie sich auf die Erfahrung des Moments ein, so als würden Sie sie zum ersten Mal machen.

Mit solch kleinen Achtsamkeitsinseln können Sie nach und nach einen Raum der Ruhe und Präsenz in Ihren Alltag einbauen. Es geht nicht darum, den Gedanken auszuweichen oder bestimmte Gefühle zu unterdrücken. Es geht darum, immer wieder ins Hier und Jetzt zurückzufinden und sich daran zu erinnern, dass wir mehr sind als unsere mentalen Inhalte. Von diesem inneren Standpunkt der Gegenwärtigkeit aus können wir gelassener und klarer mit den Herausforderungen des Lebens umgehen.

Langfristige Gewohnheiten für emotionale Stärke

Achtsamkeit ist eine wunderbare Basis, um emotionale Balance und Resilienz aufzubauen. Doch es gibt noch andere langfristige Strategien, die unsere „emotionale Fitness" stärken. Dazu gehören regelmäßige Gewohnheiten wie Journaling, Bewegung und achtsame Kommunikation.

Ein wirksamer Weg, um Gefühle zu verarbeiten und Stress abzubauen, ist das regelmäßige Schreiben in einem Tagebuch oder Journal. Nehmen Sie sich täglich 10-20 Minuten Zeit, in denen Sie ganz frei und ungefiltert von Ihrem inneren Erleben berichten. Schreiben Sie auf, was Sie bewegt, was Ihnen durch den Kopf geht, was Sie fühlen. Versuchen Sie dabei, nicht zu analysieren oder zu bewerten, sondern einfach nur zu beschreiben, was ist.

Diese Form des „expressiven Schreibens" hilft uns, Abstand zu belastenden Gedanken und Gefühlen zu gewinnen. Wir betrachten sie sozusagen „von außen", anstatt uns mit ihnen zu identifizieren. Studien zeigen, dass regelmäßiges Journaling das emotionale Wohlbefinden verbessert, Ängste und depressive Symptome reduziert und sogar die körperliche Gesundheit stärkt. Durch das Schreiben können wir Erlebtes verarbeiten, sortieren und neue Perspektiven entwickeln.

Eine weitere Säule der emotionalen Stärke ist Bewegung. Körperliche Aktivität ist ein natürliches Antidepressivum und Anxiolytikum. Beim Sport werden Glücksbotenstoffe wie Endorphine, Serotonin und Dopamin ausgeschüttet, die unsere Stimmung heben und Stress abbauen. Zudem lernen wir, unangenehme Körperempfindungen wie Anspannung oder Erschöpfung auszuhalten und zu meistern - eine wichtige Fähigkeit auch im Umgang mit schwierigen Gefühlen.

Entscheidend ist, eine Form der Bewegung zu finden, die Ihnen Freude bereitet. Das kann ein Ausdauersport wie Laufen, Radfahren oder Schwimmen sein, ein Mannschaftssport, Tanzen oder Yoga. Wichtig ist die Regelmäßigkeit: Schon 30 Minuten moderate Bewegung an den meisten Tagen der Woche haben einen spürbaren Effekt auf unsere emotionale Balance. Planen Sie die Bewegungszeiten fest in Ihren Alltag ein und betrachten Sie sie als Termine mit sich selbst, die genauso wichtig sind wie berufliche oder familiäre Verpflichtungen.

Nicht zuletzt spielt auch unsere Ernährung eine wichtige Rolle für unser emotionales Wohlbefinden. Eine ausgewogene, nährstoffreiche Kost mit viel frischem Obst, Gemüse und hochwertigen Eiweißen versorgt unser Gehirn mit allen wichtigen Baustoffen für die Produktion von Neurotransmittern und Hormonen. Zucker, Alkohol und prozessierte Lebensmittel hingegen können Stimmungsschwankungen und emotionale Instabilität fördern. Achten Sie auf die Signale Ihres Körpers und essen Sie möglichst bewusst und genussvoll.

Die Rolle sozialer Unterstützung

Ein weiterer wesentlicher Faktor für unsere emotionale Gesundheit sind stabile, unterstützende Beziehungen. Wir Menschen sind soziale Wesen. Wir brauchen das Gefühl der Zugehörigkeit, des Verstandenwerdens und der Verbundenheit. Gute Beziehungen sind wie ein Schutzschild gegen die Widrigkeiten des Lebens. Sie stärken unsere Resilienz und helfen uns, auch schwierige Zeiten zu überstehen.

Doch oft fällt es uns gerade dann schwer, Unterstützung anzunehmen und uns anderen anzuvertrauen, wenn wir sie am meisten bräuchten. Vielleicht schämen wir uns für unsere vermeintliche Schwäche, wollen anderen nicht zur Last fallen oder haben Angst, zurückgewiesen zu werden. Doch genau in diesen verletzlichen Momenten ist es wichtig, über unseren Schatten zu springen und Hilfe zu suchen.

Überlegen Sie, wer in Ihrem Umfeld ein „sicherer Hafen" für Sie sein könnte. Wer hört Ihnen zu, ohne zu werten? Bei wem fühlen Sie sich gesehen und angenommen? Das können Freunde oder Familienmitglieder sein, aber auch ein Therapeut, Seelsorger oder eine Selbsthilfegruppe. Wichtig ist, dass Sie sich in einem geschützten Rahmen öffnen und aussprechen können.

Eine große Hilfe ist es, wenn wir lernen, klar und aufrichtig über unsere Gefühle und Bedürfnisse zu kommunizieren. Statt andere zu beschuldigen oder uns in Schweigen zu hüllen, können wir in „Ich-Botschaften" ausdrücken, was in uns vorgeht. Also statt „Du kümmerst dich nie um mich" etwa: „Ich fühle mich einsam und wünsche mir mehr Nähe von dir". So schaffen wir die Basis für echte Verbindung und konstruktive Problemlösung.

Auch Grenzen zu setzen ist eine wichtige Fähigkeit in Beziehungen. Manchmal zögern wir, „Nein" zu sagen aus Angst, andere zu verletzen oder zu verärgern. Doch wahre Verbundenheit entsteht, wenn beide Seiten sich gesund abgrenzen und frei ihre Meinung äußern können. Indem wir lernen, respektvoll für unsere Grenzen einzustehen, stärken wir unsere emotionale Stabilität und Selbstachtung.

Soziale Unterstützung bedeutet auch, selbst für andere da zu sein. Anderen zuzuhören, sie zu trösten und zu ermutigen erfüllt nicht nur uns selbst mit Sinn und Freude. Es schafft auch ein

Netz der Verbundenheit, das uns auffängt, wenn wir selbst Hilfe brauchen. Indem wir füreinander da sind, heilen wir Wunden der Vergangenheit und bauen Vertrauen in die Zukunft auf.

Liebe Leserin, lieber Leser, in diesem Kapitel haben wir gesehen, wie Achtsamkeit und langfristige Strategien uns helfen, auch in stürmischen Zeiten innerlich stabil und zentriert zu bleiben. Mit kleinen Schritten der achtsamen Präsenz, der Selbstfürsorge und der Beziehungspflege legen wir das Fundament für tiefes emotionales Wohlbefinden und Resilienz.

Denken Sie daran: Der Weg ist das Ziel. Es geht nicht darum, irgendwann einen Zustand dauerhaften Glücks oder unerschütterlicher Ruhe zu erreichen. Es geht darum, immer wieder neu die Entscheidung für einen liebevollen, wachen Umgang mit sich selbst und anderen zu treffen. Tag für Tag, Moment für Moment.

Im nächsten Kapitel tauchen wir noch einmal tief ein in das Thema Stress - den wohl größten Widersacher unserer emotionalen Balance. Sie werden verstehen, wie Stress im Körper und Geist entsteht und wie Sie mithilfe bewährter Techniken den Teufelskreis von Anspannung und negativen Gefühlen durchbrechen können. Eine spannende Reise liegt vor uns - ich freue mich, sie gemeinsam mit Ihnen anzutreten!

Den Stresszyklus verstehen und durchbrechen

Stress ist eine der größten Herausforderungen für unsere emotionale Balance. Wenn wir uns dauerhaft angespannt, überfordert und gehetzt fühlen, geraten unsere Gefühle leicht aus dem Gleichgewicht. Wir werden reizbar, ängstlich oder niedergeschlagen. Auf Dauer kann chronischer Stress sogar ernsthafte körperliche und psychische Erkrankungen nach sich ziehen. Umso wichtiger ist es, dass wir verstehen, wie Stress entsteht und wie wir ihn effektiv bewältigen können.

In diesem Kapitel möchte ich mit Ihnen eintauchen in die komplexen Mechanismen der Stressreaktion. Sie werden erfahren, was im Körper und im Geist passiert, wenn wir unter Druck geraten. Und Sie bekommen wirksame Strategien an die Hand, um den Stresszyklus zu durchbrechen und zu innerer Ruhe und Klarheit zurückzufinden.

Stress und seine Rolle bei negativen Emotionen

Stress ist eine natürliche Reaktion unseres Körpers auf Herausforderungen und Bedrohungen. Immer wenn wir eine Situation als schwierig oder gefährlich einschätzen, versetzt sich unser Organismus in Alarmbereitschaft. Stresshormone wie Adrenalin und Kortisol werden ausgeschüttet, die Atmung und der Herzschlag beschleunigen sich, die Muskeln spannen sich an. Der Körper macht sich bereit für „Kampf oder Flucht" - eine überlebenswichtige Reaktion, die uns schon in der Steinzeit das Leben gerettet hat.

Das Problem ist: Unser Steinzeitgehirn unterscheidet nicht zwischen einem Säbelzahntiger und einer nahenden Deadline. Es reagiert auf alle potenziellen Bedrohungen gleich - mit Vollalarm. Im modernen Alltag mit seinen ständigen Anforderungen und Reizüberflutungen geraten wir so schnell in einen Dauerstress. Unser Stresssystem bleibt aktiviert, obwohl die Bedrohung längst vorbei ist.

Chronischer Stress hat fatale Folgen für unsere emotionale Balance. Die ständig erhöhten Stresshormonspiegel bringen unseren Körper und Geist aus dem Gleichgewicht. Wir fühlen uns getrieben, gereizt und erschöpft. Ängste und depressive Verstimmungen häufen sich. Auch körperlich macht sich der Dauerstress bemerkbar, etwa durch Verspannungen, Kopfschmerzen oder Verdauungsprobleme.

Ein Teufelskreis entsteht: Je gestresster wir sind, desto schwerer fällt es uns, mit unangenehmen Gefühlen umzugehen. Wir werden dünnhäutiger, reagieren impulsiver und geraten schneller aus der Fassung. Gleichzeitig erschwert der emotionale Stress die Bewältigung von Alltagsanforderungen. Wir fühlen uns noch überforderter und gestresster - und der Kreislauf setzt sich fort.

Doch wie entkommen wir dieser Stressfalle? Der erste Schritt ist, die eigenen Stressauslöser zu erkennen und zu reduzieren. Das können äußere Faktoren sein wie Lärm, Zeitdruck oder Konflikte am Arbeitsplatz. Es können aber auch innere Stressoren sein wie perfektionistische Ansprüche, negative Gedankenspiralen oder die Tendenz, die eigenen Bedürfnisse zu vernachlässigen.

Nehmen Sie sich etwas Zeit und reflektieren Sie in aller Ruhe: Was sind Ihre persönlichen „Stress-Booster"? Führen Sie vielleicht ein Stresstagebuch, in dem Sie über einige Wochen hinweg notieren, in welchen Situationen Ihr Stresslevel hochschnellt. Gibt es Muster oder wiederkehrende Themen? Welche Ihrer Gewohnheiten oder Überzeugungen könnten Stress begünstigen?

Schon diese Achtsamkeit für die eigenen Stressoren kann eine große Hilfe sein. Wir merken, dass wir unserer Belastung nicht hilflos ausgeliefert sind. Wir können aktiv Einfluss nehmen, indem wir Prioritäten setzen, Aufgaben delegieren oder „Nein" sagen zu Anforderungen, die uns überfordern. Oft sind es gerade die kleinen Entscheidungen im Alltag, die einen großen Unterschied für unser Stressempfinden machen.

Ein weiterer Schlüssel zur Stressbewältigung liegt in der regulären Aktivierung unseres „Ruhe- und Erholungsnerven", des Parasympathikus. Er ist der Gegenspieler unseres Stresssystems und sorgt für Entspannung, Regeneration und Heilung. Durch gezielte Atem- und Entspannungsübungen, aber auch durch Aktivitäten wie Yoga, Tai Chi oder Meditation können wir den Parasympathikus stärken und so unsere Stressresilienz erhöhen.

Strategien zum Stressabbau

Es gibt viele wirksame Möglichkeiten, um Stress abzubauen und zu innerer Ruhe zu finden. Neben den klassischen Entspannungstechniken wie der Progressiven Muskelrelaxation oder dem Autogenen Training möchte ich Ihnen hier einige all-

tagstaugliche Strategien vorstellen, die Sie jederzeit und überall anwenden können.

Eine einfache, aber effektive Übung ist die
„5-4-3-2-1-Methode". Immer wenn Sie merken,
dass Sie gestresst oder angespannt sind, halten
Sie einen Moment inne. Atmen Sie bewusst tief
durch und nehmen Sie dann nacheinander wahr:

- 5 Dinge, die Sie sehen können
  - 4 Dinge, die Sie körperlich spüren können
  - 3 Dinge, die Sie hören können
  - 2 Dinge, die Sie riechen können
  - 1 Sache, die Sie schmecken können

Diese Sinnesreise bringt Sie ganz automatisch ins
Hier und Jetzt. Sie durchbricht den Gedankenstrom und verankert Sie im gegenwärtigen
Moment. Mit etwas Übung werden Sie merken,
wie Ihr Geist zur Ruhe kommt und die Anspannung sich löst.

Auch Bewegung ist ein wunderbarer Stresslöser. Bei körperlicher Aktivität werden Spannungen abgebaut und Glückshormone ausgeschüttet. Schon ein kurzer Spaziergang um den Block oder ein paar Lockerungsübungen am Schreibtisch können Erleichterung bringen. Noch besser ist es, wenn Sie regelmäßig Sport treiben. Dabei ist es egal, ob Sie joggen, tanzen oder im Garten arbeiten - Hauptsache, Sie kommen in Schwung und der Kopf wird frei.

Eine oft unterschätzte Stressbremse sind kreative Aktivitäten. Beim Malen, Musizieren, Schreiben oder Handwerken kommen wir ganz natürlich in einen Zustand der Achtsamkeit und Versunkenheit. Die ständigen Gedanken treten in den Hintergrund, wir gehen voll und ganz in der Tätigkeit auf. Studien zeigen, dass Menschen, die regelmäßig kreativ sind, besser mit Stress umgehen können und zufriedener sind.

Auch positives Denken und Selbstmitgefühl sind wirksame Waffen gegen Stress. Oftmals stressen wir uns zusätzlich, indem wir Situationen katastrophisieren oder uns für Fehler und Schwächen verurteilen. Versuchen Sie stattdessen, sich selbst wie einen guten Freund zu behandeln. Sprechen Sie sich ermutigend und liebevoll zu. Erinnern Sie sich an Ihre Stärken und an Herausforderungen, die Sie schon gemeistert haben. Ein optimistischer, unterstützender innerer Dialog kann Berge versetzen.

Nicht zuletzt ist es wichtig, immer wieder Inseln der Entspannung in den Alltag einzubauen. Planen Sie jeden Tag Zeitfenster ein, in denen Sie ganz bewusst abschalten und Dinge tun, die Ihnen guttun. Das kann ein entspannendes Bad sein, ein Telefonat mit einem lieben Menschen, Lesen, Meditieren oder was auch immer Ihnen hilft, Körper und Geist zu regenerieren. Behandeln Sie diese „Ich-Zeiten" wie Termine, die genauso wichtig sind wie Ihre beruflichen oder familiären Verpflichtungen.

Liebe Leserin, lieber Leser, Stress ist eine Realität unseres modernen Lebens. Wir werden kaum je einen Zustand völliger Gelassenheit erreichen, in dem uns nichts und niemand mehr aus der Ruhe bringt. Aber wir können Tag für Tag an unserer inneren Einstellung und unseren Gewohnheiten arbeiten. Wir können achtsamer für unsere Stressoren und Bedürfnisse werden. Und wir können Schritt für Schritt Strategien etablieren, die uns helfen, auch in turbulenten Zeiten zentriert und resilient zu bleiben.

Denken Sie daran: Sie selbst sind Ihr wichtigstes Projekt. Investieren Sie in Ihr Wohlbefinden, schöpfen Sie aus dem reichhaltigen Fundus der Stressbewältigung. Experimentieren Sie und finden Sie die Methoden, die für Sie persönlich wirken. Mit der Zeit werden Sie ein stabiles Fundament innerer Stärke entwickeln, von dem aus Sie sich allen Herausforderungen des Lebens gewachsen fühlen.

Lassen Sie uns gemeinsam ein Fazit ziehen aus unserer spannenden Reise durch die Welt der Emotionen. Im Schlusskapitel möchte ich die wichtigsten Erkenntnisse und Werkzeuge noch einmal bündeln und Ihnen eine Vision mit auf den Weg geben - die Vision eines Lebens, in dem Sie die Meisterschaft über Ihr emotionales Wohl-befinden erlangen. Ich freue mich darauf!

Der Weg zu emotionaler Freiheit

Liebe Leserin, lieber Leser,

wir sind am Ende unserer gemeinsamen Reise angekommen. Eine Reise durch die faszinierende Landschaft unserer Gefühle, durch Höhen und

Tiefen, durch wissenschaftliche Erkenntnisse und praktische Lebensweisheiten. Ich hoffe, diese Expedition hat Sie inspiriert, ermutigt und mit vielen neuen Einsichten beschenkt. Vor allem aber hoffe ich, dass Sie nun mit einem Gefühl innerer Stärke und Zuversicht in Ihren Alltag zurückkehren.

Lassen Sie uns noch einmal innehalten und die wichtigsten Wegmarken Revue passieren. Wir haben gesehen, welch mächtige Rolle unsere Emotionen in unserem Leben spielen. Sie beeinflussen, wie wir denken, entscheiden und handeln. Sie prägen unsere Beziehungen, unsere Gesundheit und unser allgemeines Wohlbefinden. Indem wir lernen, unsere Gefühle wahrzunehmen, zu verstehen und zu steuern, gewinnen wir die Freiheit zurück, unser Leben selbstbestimmt zu gestalten.

Ein Schlüssel dazu liegt in der Achtsamkeit. Mit der Kraft der bewussten Präsenz können wir aus dem Strom unserer Gedanken und Emotionen auftauchen und uns als ihr Beobachter erfahren. Wir lernen, unsere Gefühle so anzunehmen, wie sie sind - ohne Kampf, ohne Wertung. Diese radikale Akzeptanz ist der Beginn echter Transformation. Denn nur wenn wir aufhören, vor unseren Gefühlen davonzulaufen, können wir ihre verborgenen Botschaften entschlüsseln.

Ein weiterer Meilenstein auf unserem Weg war die kognitive Umstrukturierung. Wir haben erkannt, dass unsere Gedanken und Überzeugungen bestimmen, wie wir Situationen bewerten und emotional darauf reagieren. Indem wir lernen, unsere automatischen Gedanken zu hinterfragen und durch hilfreiche zu ersetzen, können wir aktiv Einfluss auf unser emotionales Erleben nehmen. Schritt für Schritt bauen wir ein stabileres Selbstwertgefühl und eine optimistischere Weltsicht auf.

Auch die Strategien der emotionalen Regulation haben sich als wertvolle Begleiter erwiesen. Mit einfachen Atemtechniken können wir Stress reduzieren und unseren „Ruhe- und Erholungsnerv" aktivieren. Indem wir lernen, Impulse zu verzögern, gewinnen wir Wahlfreiheit in schwierigen Momenten. Und mit der Kraft der Selbstsuggestion und des Positiven Selbstgesprächs programmieren wir unseren emotionalen Autopiloten in Richtung Wohlbefinden um.

Nicht zuletzt haben wir gesehen, wie wichtig eine generell achtsame und ressourcenorientierte Lebensweise ist. Indem wir regelmäßig Körper und Geist trainieren, unsere Beziehungen pflegen und unseren Werten folgen, bauen wir ein stabiles Fundament für emotionale Resilienz auf. Mit Gewohnheiten wie dem Journaling, der Bewegung oder dem bewussten Stressabbau mehren wir Tag für Tag unser emotionales Wohlstandskonto.

All diese Erkenntnisse und Praktiken sind wie Werkzeuge in einem Instrumentenkoffer. Mit der Zeit und mit Übung werden Sie ganz natürlich das richtige Instrument für die jeweilige Situation wählen. Sie entwickeln ein feines Gespür dafür, was Ihnen gerade guttut - sei es eine Atemübung, ein mitfühlender innerer Dialog oder ein Spaziergang an der frischen Luft. Sie werden die Klaviatur Ihrer emotionalen Selbststeuerung immer meisterlicher beherrschen.

Doch denken Sie daran: Ein Meister fällt nicht vom Himmel. Es braucht Engagement, Beharrlichkeit und einen langen Atem, die erlernten Strategien im Alltag umzusetzen. Lassen Sie sich nicht entmutigen, wenn es auf dem Weg auch Rückschläge und Durststrecken gibt. Kultivieren Sie die Haltung eines freundlichen Forschers, der mit Neugier und Geduld immer wieder neue Wege erkundet. Feiern Sie jeden kleinen Fortschritt und gönnen Sie sich ausgiebig Mitgefühl und Regeneration.

Meine größte Hoffnung ist, dass Sie am Ende dieser Lektüre nicht nur wertvolles Wissen erworben haben, sondern neues Vertrauen in sich selbst und das Leben. Vertrauen darauf, dass Sie innerlich bereits alles mitbringen, was Sie zur Bewältigung von Herausforderungen brauchen. Vertrauen in die Weisheit Ihrer Gefühle, die Ihnen zuverlässig zeigen, wenn etwas aus dem Gleichgewicht geraten ist. Vertrauen in Ihre natürliche Fähigkeit, zu heilen, zu w achsen und sich weiterzuentwickeln.

Liebe Leserin, lieber Leser, Sie haben sich auf eine Reise begeben, die ein Leben lang andauert. Eine Reise, auf der Sie sich selbst und das Leben immer wieder neu entdecken und gestalten. Mit jedem bewussten Atemzug, mit jedem liebevollen Gedanken setzen Sie die Segel in Richtung emotionaler Freiheit. Schritt für Schritt erwachen Sie zu dem, der Sie in Wahrheit immer schon waren: Ein Wesen voller Liebe, voller Kraft und unerschöpflichem Potenzial.

Ich danke Ihnen von Herzen, dass ich Sie ein Stück auf diesem Weg begleiten durfte. Ihre Offenheit, Ihr Mut und Ihre Entschlossenheit, an sich zu arbeiten, haben mich zutiefst berührt und inspiriert. Bitte wissen Sie, dass in Ihnen bereits alles schlummert, was Sie zur Entfaltung eines erfüllten Lebens brauchen. Haben Sie Vertrauen in dieses innere Wissen, lassen Sie es Ihr Leitstern sein.

Gehen Sie achtsam und liebevoll mit sich um auf Ihrem weiteren Weg. Gönnen Sie sich Pausen, feiern Sie Ihre Erfolge und kultivieren Sie täglich die Dankbarkeit für das reiche Geschenk des Lebens. Und sollten Sie einmal stolpern, erinnern Sie sich an all die wertvollen Ressourcen und Erkenntnisse, die Sie in sich tragen. Sie sind stärker und weiser als Sie vielleicht ahnen.

Ich wünsche Ihnen von ganzem Herzen alles Gute für Ihre persönliche Entdeckungsreise. Möge sie Sie immer tiefer in ein Gefühl des Friedens, der Klarheit und der Verbundenheit mit sich und der Welt führen. Mögen Sie die innere Freiheit finden, Ihr Leben jeden Tag aufs Neue aus der Fülle Ihres Herzens zu gestalten. Die Welt braucht Ihr Licht - scheinen Sie hell!

In tiefer Verbundenheit,
Frank Kralemann

Zusammenfassung der wichtigsten Werkzeuge und Verfahren

In diesem Buch haben wir eine Vielzahl von Strategien, Techniken und Übungen kennengelernt, die uns helfen, unsere Emotionen besser wahrzunehmen, zu verstehen und zu steuern. Hier noch einmal die wichtigsten Werkzeuge im Überblick:

1. Achtsamkeit: Die bewusste, nicht-wertende Aufmerksamkeit für das Hier und Jetzt ist die Basis für jeden emotionalen Veränderungsprozess. Durch Achtsamkeitsübungen wie den Body Scan, die Gehmeditation oder die bewusste Atmung kultivieren wir innere Präsenz und Gelassenheit.

2. Kognitive Umstrukturierung: Unsere Gedanken und Überzeugungen bestimmen maßgeblich unser emotionales Erleben. Mit Techniken aus der kognitiven Verhaltenstherapie (CBT) und der Rational-Emotiven Verhaltenstherapie (REVT) lernen wir, belastende Denkmuster zu erkennen, zu hinterfragen und durch hilfreiche zu ersetzen.

3. Emotionale Regulationsstrategien: Durch gezielte Atem- und Entspannungstechniken wie das Box-Breathing oder die 4-7-8-Methode können wir physiologische Erregung abbauen und unseren „Ruhe- und Erholungsnerv" akti-

vieren. Auch das bewusste Verzögern von Impulsen und der Einsatz von Selbstsuggestion und Positivem Selbstgespräch helfen uns, emotionale Balance zu finden.

4. Akzeptanz- und Commitment-Therapie (ACT): Die ACT lädt uns ein, auch unangenehme Gefühle und Gedanken anzunehmen, statt sie zu bekämpfen. Durch Techniken wie das „Annehmen und Loslassen" oder das „Beobachten der Gedanken" gewinnen wir Abstand zu unserem inneren Erleben. Gleichzeitig ermutigt uns die ACT, unser Verhalten an unseren Werten auszurichten und uns für ein sinnerfülltes Leben zu engagieren.

5. Stressbewältigung: Chronischer Stress ist einer der größten Feinde unserer emotionalen Balance. Mit Techniken wie der Progressiven Muskelentspannung, dem Autogenen Training oder der „5-4-3-2-1-Methode" können wir gezielt Spannungen abbauen und zu innerer Ruhe finden.

Auch regelmäßige Bewegung, kreative Aktivitäten und bewusste Entspannungspausen wirken Stress entgegen.

6. Selbstfürsorge und Mitgefühl: Ein liebevoller und verständnisvoller Umgang mit uns selbst ist die Basis für emotionale Gesundheit. Durch Praktiken wie das Selbstmitgefühl-Training, das Führen eines Dankbarkeitstagebuchs oder regelmäßige Achtsamkeitsübungen stärken wir unsere Resilienz und unser Wohlbefinden.

7. Langfristige Strategien: Neben den unmittelbar wirksamen Techniken gibt es eine Reihe von langfristigen Strategien, die unsere emotionale Ausgeglichenheit fördern. Dazu gehören regelmäßiges Journaling, eine ausgewogene Ernährung, ausreichend Schlaf, die Pflege von unterstützenden Beziehungen und das konsequente Verfolgen unserer Werte und Ziele.

Denken Sie daran: All diese Werkzeuge sind wie

Saiten einer Harfe. Erst wenn Sie sie regelmäßig stimmen und spielen, entfalten sie ihre volle Wirkung. Haben Sie Geduld mit sich und bleiben Sie dran, auch wenn die Veränderung Zeit braucht. Mit jedem bewussten Schritt, mit jeder geübten Technik stärken Sie Ihre innere Kraft und Klarheit.

Seien Sie wählerisch und finden Sie die Methoden, die zu Ihnen passen. Nicht jede Übung wird Ihnen gleich gut liegen. Vertrauen Sie Ihrer Intuition und Ihrem Gefühl - sie sind Ihre besten Ratgeber auf dem Weg zu emotionaler Freiheit. Und scheuen Sie sich nicht, sich Unterstützung zu holen, sei es durch Bücher, Kurse oder den Austausch mit einem Therapeuten oder einer Gruppe Gleichgesinnter.

Vor allem aber: Haben Sie Freude auf dem Weg! Begegnen Sie sich und Ihren Gefühlen mit Neugier, Wohlwollen und einem Augenzwinkern. Je mehr Sie die Reise zu sich selbst genießen, desto leichter und spielerischer wird die Veränderung sich entfalten. Und ehe Sie sich versehen, blicken Sie zurück und staunen, wie weit Sie schon gekommen sind.

Ich wünsche Ihnen von Herzen alles Gute für Ihren ganz persönlichen Weg zu emotionaler Freiheit und Lebensfreude. Mögen Sie die Werkzeuge in diesem Buch als kraftvolle Verbündete an Ihrer Seite wissen. Und mögen Sie sich selbst jeden Tag aufs Neue als den größten Schatz erkennen, der Sie immer schon waren und immer sein werden.

Literaturhinweise und weiterführende Informationen

Falls Sie Ihre Reise zu emotionaler Freiheit vertiefen möchten, finden Sie hier einige inspirierende Wegweiser:

Bücher:

- Daniel Goleman: „Emotionale Intelligenz", dtv Verlagsgesellschaft 2019

- Matthias Berking: „Training emotionaler Kompetenzen", Springer 2017

- Chade-Meng Tan: „Search Inside Yourself: Optimiere dein Leben durch Achtsamkeit", Goldmann Verlag 2015

- Russ Harris: „ACT leicht gemacht: Ein grundlegender Leitfaden für die Praxis der Akzeptanz- und Commitment-Therapie", Arbor Verlag 2013

- Rick Hanson: „Buddha's Brain: Die neurowissenschaftliche Erklärung für Glück, Liebe und Weisheit", Arkana 2012

Online-Ressourcen:

- Arbor Seminare - Fortbildungen und Materialien zu achtsamkeitsbasierten Verfahren: https://www.arbor-seminare.de/

- MBSR-Verband - Informationen und Kursangebote zu Stressreduktion durch Achtsamkeit: https://www.mbsr-verband.de/

- Center for Mindful Self-Compassion - Übungen und Kurse zum Thema Selbstmitgefühl (englisch): https://centerformsc.org/

- Greater Good Science Center - Artikel und Ressourcen zu Mitgefühl, Achtsamkeit und emotionaler Intelligenz (englisch): https://greatergood.berkeley.edu/

Achtsame Selbsterfahrung:

- Vipassana-Meditation - 10-tägige Schweige-Retreats in der Tradition von S. N. Goenka: https://www.dhamma.org/de/index

- Europäisches Zentrum für Achtsamkeit - Kurse und Retreats zum Thema Achtsamkeit & MBSR: https://www.ezfa.eu/

- Kalyana Mitta - Netzwerk für Achtsamkeit in sozialer Verantwortung: https://www.kalyana-mitta.de/

Dies ist nur eine kleine Auswahl aus der Fülle wertvoller Ressourcen. Folgen Sie Ihrer Intuition und Ihrem Herzen - sie werden Sie zu den Lehrern, Büchern und Erfahrungen führen, die für Sie passend und nährend sind.

Der wichtigste Leitfaden aber sind Sie selbst. Ihr innerstes Wesen weiß genau, wohin die Reise geht und was es zu Ihrer Entfaltung braucht. Vertrauen Sie diesem inneren Kompass, auch und gerade wenn er Sie in unbekanntes Terrain führt. Lassen Sie sich ein auf das Abenteuer des Lebens - mit wachem Geist und offenem Herzen. Alles, was Sie dafür brauchen, tragen Sie bereits in sich.

Namasté - das Licht in mir sieht und ehrt das Licht in Ihnen. Gehen Sie gesegnet! Und vergessen Sie nie: Wo auch immer Ihre Reise Sie hinführen mag, Sie sind bereits angekommen. Hier und jetzt. In diesem kostbaren Moment der Gegenwart, wo alles möglich ist.